DIALOG

ENTRE UN

UVRIER & UN PATRON

RÉCIT

l'un vieux forgeron victime du capital

blié par le Groupe d'Études Sociales du quartier de l'Épeule

ROUBAIX

LILLE
Imp. ouvrière, G. Delory, rue de Fives, 28
1894

Pièce R 891

DIALOGUE

ENTRE UN

OUVRIER & UN PATRON

RÉCIT

d'un vieux forgeron victime du capital

Publié par le Groupe d'Études Sociales du quartier de l'Épeule

ROUBAIX

LILLE
Imp. ouvrière, G. Delory, rue de Fives, 28
1894

5891

DIALOGUE

ENTRE UN

OUVRIER & UN PATRON

PREMIÈRE PARTIE

Il y eut grande rumeur parmi les ouvriers métallurgistes des ateliers de constructions de MM. A. P. et Cie, lorsque l'on s'aperçut qu'Etienne Bertot, le vieux forgeron, laissait tomber le marteau tous les jours vers trois heures pour aller s'entretenir seul-à seul avec le patron. Voilà une semaine que cela durait. Qu'est-ce que cela voulait dire, et que se passait il ?

Le vieux père Etienne était il devenu traître et mouchard sur le déclin de la vie ? Voilà ce que chacun pouvait se demander, quoique la chose parut invraisemblable car le vieux forgeron jouissait d'une excellente réputation parmi les camarades d'atelier. Il était le doyen de la forge ; n'avait jamais, dans sa longue carrière, marchandé ses services à qui que ce fut ; on le connaissait ferme et inébranlable dans ses convictions socialistes ; autant de qualités qui avaient pour effet d'augmenter la surprise de ses camarades, au sujet de ses relations secrètes avec le chef de l'usine.

Cette anxiété ne dura pas longtemps, car le dimanche qui suivit. à la réunion mensuelle du syndicat des métallurgistes, le vieux forgeron, qui en avait été le principal fondateur, se leva, demanda la parole et s'exprima en ces termes :

Camarades,

Il est de mon devoir de vous faire connaître ce qui s'est passé entre mon patron et moi depuis huit jours. Je dois vous faire cette confidence pour deux raisons. La première, parce que j'ai la conviction que la divulgation des entretiens que j'ai eu à subir ne peut qu'être profitable à la cause socialiste que nous défendons tous ici. La seconde raison, chacun le comprendra, c'est que n'ayant parlé à personne de ces entretiens, je ne puis laisser planer le moindre soupçon malveillant sur les quelques cheveux blancs qui me restent.

Personne ici ne vous fera cette injure, père Etienne, dit le président, votre passé nous répond de l'avenir. Les soixante et quelques années que vous portez et qui constituent toute une vie d'honnêteté, de travail et de services rendus, sont pour nous des garanties suffisantes, et il n'est pas nécessaire de vous disculper. Honnête homme vous avez été, honnête homme vous resterez. C'est ma conviction ; c'est celle de tout le monde ici.

Bravo ! Bravo ! Vive le père Etienne ! crièrent à l'unisson tous les membres du syndicat.

Puis, comme pour confirmer ce qui venait d'être dit, les plus jeunes firent immédiatement cercle autour de lui, et entonnèrent en son honneur un vivat des plus sonores et des mieux cadencés.

> Qu'il vive ! Qu'il vive !
> Qu'il vive à jamais
> Répétons sans cesse, sans cesse
> Qu'il vive à jamais,
> En santé, en paix
> Ce sont nos souhaits.
> Vivat ! Vivat *in œternum* !

Merci, les amis, dit le vieux forgeron, mais pas tant d'honneur. je vous prie, n'ayant jamais rempli que mon devoir de citoyen et rien de plus.

Maintenant, dans un but de propagande, je remets au syndicat ce carnet : vous en ferez ce que vous voudrez. (1) Il renferme, le plus exactement que j'ai pu le faire, les dialogues que j'ai eu à subir avec mon exploiteur. Il m'avait fait jurer sur mon honneur de n'en parler à personne, mais il avait oublié de me défendre de les écrire, et ma foi, j'ai profité de cet oubli, je les ai écrits.

Mais, dit un ajusteur, c'est votre renvoi en règle que vous proposez là, père Etienne. Si nous publions ces dialogues, il n'y a pas de doute ; c'est la perte de votre travail et la misère pour vos vieux jours, car à votre âge vous ne pouvez espérer vous faire embaucher ailleurs.

Je n'ai plus rien à craindre à ce sujet, citoyen, dit le vieux forgeron, mon congé m'ayant été signifié hier soir.

Pas possible ! s'écrièrent plus de vingt voix à la fois. En voici la preuve, dit-il, en montrant sont livret

---

(1) C'est le contenu de ce carnet qu'on lira plus loin.

signé et daté de la veille , vous voyez bien que je ne plaisante pas ; mais gardez votre calme, mes amis, je m'attendais d'aillenrs à ce dénouement ; et puis, sous peu j'aurai droit à mon admission à l'hospice ; vous voyez bien que le coup qu'on a cru me porter ne m'atteint pas. Aussi, je suis loin de lui en vouloir a ce cher Monsieur, et avec d'autant plus de raison, qu'en agissant ainsi il fait de la propagande socialiste et de la bonne.

En effet, citoyens, n'est-ce pas faire de la propagande socialiste que de prouver par des faits que le salariat n'est que de l'esclavage déguisé et que vingt cinq années passées au service d'un patron ne sont comptées pour rien. *Vous avez travaillé, on vous a payé.* Voilà ce qu'ils disent. Quant à leur fortune à laquelle vous avez contribué, il paraît que c'est le résultat de *leur* travail, à les en croire.

Tout cela, mes amis, ne m'apprend rien de nouveau car il y a longtemps que j'ai compris que si l'homme peut encore nuire à l'homme c'est parce que nos institutions sociales et économiques sont mal faites ; et dans ce cas, notre devoir à nous, travailleurs, est de nous unir pour les renverser par la révolution sociale Il n'y a pas a tergiverser, il faut en arriver là. Nous ne ferons, d'ailleurs, qu'employer le moyen de la classe bourgeoise qui a fait quatre révolutions en un siècle afin d'asseoir sa domination. Ces quatre révolutions ont été faites avec l'aide du peuple des meurt-de-faim à qui on avait promis de fort belles choses mais contre qui on tourna t les canons et les baïonnettes quand il venait réclamer l'exécution des promesses bourgeoises.

La société de l'avenir, qui aura pour base l'humanité, accordera à tout être humain sans distinction de race ni de couleur, sa portion de vie, de bien-être et de bonheur sur cette terre. Nous marchons vers ce but c'est infailliblement vrai, car la classe capitaliste qui concentre dans ses mains crochues tout ce bonheur, tout ce bien-être ; cette classe se meurt de sa belle mort, ou plutôt de sa vilaine mort.

Le parti socialiste n'a qu'une consigne : précipiter cette mort naturelle et se tenir prêt.

Quant au vieux travailleur qui vous parle en ce moment ; que ce soit au pied de l'enclume, à l'hospice ou sur la barricade, ses sentiments ne broncheront jamais. Fort de ses aspirations à une société plus humanitaire sinon pour lui, du moins pour les générations futures, son cri de ralliement, qui est aussi le votre. citoyens, sera toujours jusqu'à son dernier souffle :

Vive la Révolution sociale !

DEUXIÈME PARTIE

Première journée

Le patron. — Je vous ai fait appeler mon ami, parce que j'ai à vous entretenir de choses sérieuses. Voilà vingt-cinq ans, je crois, que vous travaillez dans la maison. C'est donc une preuve que nous sommes satisfaits l'un de l'autre ; moi de votre travail, vous de votre salaire, n'est-ce pas ?

L'ouvrier — Mais oui, Monsieur.

Le patron. — Mais alors, si vous êtes satisfait de votre salaire, je ne vois pas où vous voulez en venir avec votre socialisme. Car vous êtes socialiste, je sais ça depuis longtemps.

L'ouvrier. — Je vous ferai remarquer, Monsieur, que vous me payez pour forger et non pour discuter.

Le patron. — Vous cherchez à éviter d'entrer en matières, je le conçois ; vous êtes honteux de défendre vos idées parce que vous savez qu'elles ne tiendraient pas debout devant une discussion sérieuse.

L'ouvrier — Du moment que vous y allez sur ce ton je vais vous répondre ; seulement je vous fais remarquer que la partie n'est pas égale entre nous. Vous tenez mon salaire, c'est-à-dire mon pain dans vos mains, tandis que, de votre côté, vous pouvez me remplacer par de plus jeunes que moi qui se présentent à votre porte.

Le patron. — Quant à cela vous n'avez rien à craindre ; répondez franchement à mes questions, votre pain n'est pas en danger. Promettez-moi seulement, sur votre honneur, de ne parler à personne de ce qui va se dire entre nous.

L'ouvrier. — Je vous en donne ma promesse, et prends bonne note de la votre.

Eh bien, oui, patron, je suis socialiste, et socialiste sincère et convaincu. Vous m'avez dit tantôt que j'étais honteux de défendre des idées que je savais ne pouvoir tenir debout. En cela vous vous trompez. Suis-je honteux d'avoir encore la vue bonne à mon âge et de n'avoir pas besoin de lunettes ? Nullement. De même il n'y a pas de honte d'être socialiste, de voir le mal social qui accable notre pauvre humanité et d'aspirer à le voir disparaître.

Le patron. — Et quel remède proposez-vous pour cela ?

L'ouvrier. — Oh ! Un remède bien simple : la socialisation des moyens de production ; c'est-à-dire le capital et le travail réunies dans les même mains. Ou encore le producteur devenu son propre maître, et obtenant ainsi le produit intégral de son travail. Tout cela veut dire la même chose.

Le patron. — Pardon, mon ami, mais vous n'êtes pas conséquent avec vous même. Tout à l'heure vous reconnaissiez que vous étiez satisfait de votre salaire qui vous a permis de vivre et d'élever votre famille, et maintenant vous préconisez la socialisation des moyens de production, comme remède au mal social qui n'existe pas pour vous. Il faudrait pourtant s'entendre.

L'ouvrier. — Je ne demande pas mieux. La satisfaction que j'éprouve à votre égard peut se comparer à celle qu'éprouverait un animal faible à qui le lion abandonnerait un os à ronger. Si vous me donnez le salaire qu'on donne ordinairement aux forgerons, il ne s'ensuit pas pour cela que j'aie ce qu'il me revient Ce que vous donnez à un ouvrier pour le travail qu'il vous fournit se nomme *salaire* ; ce qui lui est dû se nomme *produit-intégral*, ce n'est pas tout à fait la même chose.

Le patron. — Ah ! Par exemple ! Elle est bien bonne celle-là. Vous voulez le produit intégral de votre travail ? Et le patron, de quoi vivra-t-il, lui ? De l'air du temps ? Mais dans ces conditions-là personne ne ferait travailler, c'est évident. Vous réclamez une chose irréalisable.

L'ouvrier. — Ce qui est aujourd'hui irréalisable deviendra chose facile à établir dans la nouvelle société qui se prépare.

Le patron. — Alors votre idéal est donc de bouleverser ?

L'ouvrier. — Mon idéal, qui est celui de tout bon socialiste, est de renverser tout ce qui est mauvais dans les lois et les institutions actuelles qui ont été édifiés par une classe au détriment d'une autre classe.

Le patron. — La difficulté sera de savoir ce que vous fonderez sur les ruines que vous aurez amoncelées.

L'ouvrier. — Nous fonderons la République sociale qui aura pour base la Bonté, l'Humanité et la Justice. Et rien ne vient nous dire que ce sera sur des ruines que nous fondrons cette société nouvelle. Du train où vont les choses, on peut espérer une révolution pacifique, contrairement aux révolutions sanglantes de la bourgeoisie.

Le patron. — Que voulez-vous dire par ces mots : « du train dont vont les choses » ?

L'ouvrier. — Je veux dire que le capitalisme prépare lui-même son effrondement, qu'il creuse lui-même la fosse qui doit l'engloutir.

Le patron. — Il se fait tard ; je vous attendrai demain à pareille heure pour m'expliquer cela.

L'ouvrier. — Comme vous voudrez, patron, à demain.

Deuxième journée

Le patron. — Je vous attendais avec impatience, monsieur Bertot, car il m'est très agréable de discuter avec vous.

L'ouvrier. — Ça produit sur moi le même effet, patron. Je vous avoue que j'y prends goût.

Le patron. — Vous allez, j'espère. ne démontrer comment le capitalisme creuse lui-même la fosse qui doit l'engloutir, comme vous disiez hier.

L'ouvrier. — D'abord. par sa rapacité sans pudeur : par sa soif de l'or qu'elle se procure par les moyens les plus inavouables. Ensuite par le développement même de la grande industrie.

Le patron. — Sur le premier point. je suis forcé de convenir; qu'il y a du vrai ; mais sur le second, je ne vois pas en quoi le développement de la grande industrie peut préparer l'avènement du socialisme.

L'ouvrier. — C'est pourtant facile à saisir. Il le prépare de plusieurs manières.

J'aborde la première.

Jadis, l'ouvrier avait une famille. Le père, la mère et les enfants travaillaient et vivaient en commun au foyer domestique. L'ouvrier possédait réellement une famille.

Aujourd'hui, tout est changé. Le machinisme a dispersé la famille; le père est caserné dans un atelier ou dans une usine ; même chose pour les enfants ; la mère seule est à la maison, quand elle n'est pas forcée d'aller elle-même s'embastiller dans une usine empestée. pour parer à l'insuffisance du salaire du mari et des enfants. Cette situation est pire que l'esclavage antique. Plus l'industrie se perfectionne, plus la misère ouvrière s'accroît. tandis que, chacun le comprendra, c'est le contraire qui devrait se produire. Vous voyez bien que cette situation ne contribue pas peu à la propagation des idées socialistes.

Le développement de la grande industrie a encore pour effet d'anéantir le petit commerce et de supprimer une énorme quantité de petits patrons qui viennent par cela même grossir les rangs des salariés et des meurt de faim.

La même chose se produit pour les travailleurs de la terre. Les petits propriétaires terriens n'arrivent même plus à nouer les deux bouts, écrasés qu'ils sont par la concurrence impossible à soutenir que leur font les grands propriétaires.

Mais si les petits propriétaires et les petits patrons tendent de plus en plus à disparaître, les patrons de la grande industrie deviennent à leur tour de plus en plus inutiles.

Le patron. — Ce que vous dites là est absolument renversant! Comment, c'est quand les petits patrons tendent de plus en plus à disparaître que les grands patrons deviennent absolument inutiles.

L'ouvrier.—C'est pourtant comme ça, patron. Et je n'irai pas prendre loin mon exemple; je le prendrai dans votre usine même. Vous êtes ici au nombre de cinq ou six personnes constituées en société en nom collectif; donc vous faites de la collectivité, seulement cette collectivité s'arrête à 5 ou 6 personnes. Or, excepté celui qui en a l'administration et qui pourrait être tout autre qu'un des patrons, si tous les autres étaient supprimés d'un seul coup, les ateliers n'en continueraient pas moins à fonctionner, comme auparavant. Le patronat disparaît de plus en plus et se trouve remplacé par des sociétés anonymes ou par actions. Les bénéficiaires ou actionnaires, dont les mains blanches n'ont jamais produit pour un sou de travail utile, ne connaissent pas un iota des travaux qui se font dans les exploitations dont ils palpent cependant le plus clair des bénéfices. Si les bénéfices, au lieu d'être partagés entre quelques inutiles, étaient répartis entre ceux qui produisent les travaux, ce serait la réalisation du socialisme, c'est-à-dire du bonheur commun, de la vraie justice.

Le patron. — Ce que vous prêchez là est une utopie, mon ami ; votre paradis ne se réalisera pas.

L'ouvrier. — Je suis persuadé du contraire ; quand nous serons maîtres de la situation, vous verrez si c'est une utopie.

Ah ! ils sont bien coupables ou bien bêtes ceux qui soutiennent dans leurs journaux que nous voulons des choses irréalisables. Si on avait dit à nos ancêtres qu'on serait parvenu à écrire et à parler à des centaines de lieues de distance, ils auraient ri au nez de celui qui leur aurait annoncé une pareille prophétie et l'auraient considéré aussi comme un utopiste. Ces merveilles de la science ont cependant vu le jour. Quel est donc l'insensé qui oserait soutenir que la science sociale n'est pas susceptible de progrès comme les autres sciences ?

Le mécanisme de la société future est actuellement prêt à fonctionner ; il n'y a plus qu'à monter les pièces et graisser les rouages.

Le patron. — Je crains pour vous que votre machine, à cause de sa complication même, ne se détraque au premier essai de son fonctionnement.

L'ouvrier. — Dites plutôt que vous craignez que, à cause de sa simplicité même, elle ne donne des preuves trop évidentes de son fonctionnement facile.

Le patron, contenant à peine sa colère. — Vous me supposez donc assez fourbe pour dire le contraire de ma pensée ?

L'ouvrier. — Je ne suppose rien du tout, patron ; vous me questionnez, je vous réponds avec ma franchise habituelle. Si je ne puis le faire, laissez-moi retourner à mon enclume.

LE PATRON. — Retournez-y, à votre enclume.

L'OUVRIER. — Je ne demande pas mieux.

TROISIÈME JOURNÉE

L'OUVRIER. — Vous m'avez fait appeler, patron ?

LE PATRON. — Mais certainement, voyant que vous n'arriviez pas, comme les jours précédents.

L'OUVRIER. — C'était dans la crainte d'encore vous offenser.

LE PATRON. — Il est vrai que vous pourriez laisser de côté les expressions blessantes.

L'OUVRIER. — Vous savez, patron, je ne suis pas fort en éducation, et dans ce cas on blesse les gens sans le vouloir et sans le savoir. Du reste, si la chose se renouvelle, imaginez-vous que ce n'est pas à vous personnellement que je réponds, mais à la classe que vous défendez. Ou bien laissez-moi travailler tranquillement à mon enclume, cela vaudrait peut-être encore mieux, puisque nous perdons tous deux notre temps.

LE PATRON. — Nous perdons notre temps ? Comment cela ?

L'OUVRIER. — Certainement, Vous ne parviendrez jamais à changer ma manière de voir, et, de mon côté, je m'aperçois que je prêche également dans le désert. Et c'est tout naturel, car en défendant votre classe vous défendez votre caisse à laquelle nous n'en voulons pourtant pas.

LE PATRON. — Si vous étiez à ma place, ne la défendriez-vous pas aussi, votre caisse ?

L'OUVRIER. — C'est possible, car l'homme, de sensible et bon qu'il est par sa nature, devient égoïste et mauvais par la possession de la fortune. Ce n'est pas l'homme qui possède l'or, c'est l'or qui possède l'homme et qui le pervertit.

LE PATRON. — Ah ! ça, mais allez-vous recommencer la série des choses désagréables à me dire ?

L'OUVRIER. — Entre vous et moi, en ce moment, il n'y a ni patron ni ouvrier, il y a deux hommes ayant des intérêts opposés qui discutent ; il ne tient qu'à vous de faire cesser ces discussions qui, vous le voyez bien, ne peuvent aboutir à rien.

LE PATRON. Elles aboutiront, j'ose l'espérer, à vous faire revenir de vos erreurs.

L'OUVRIER. — Quelles erreurs, s'il vous plaît ?

LE PATRON. — De toutes ces théories subversives prêchées par les Guesde, les Lafargue et autres apôtres de l'anarchie ; théories qui consistent à tout bouleverser, à tout mettre à feu et à sang sous prétexte d'établir une soi-disant société égalitaire qui ne sera jamais possible, croyez-moi, mon brave homme.

L'OUVRIER. — Vous me donneriez la chair de poule avec vos phrases qui sentent le croquemitaine si je croyais à ce que vous dites ; je n'en crois pas un traître mot, me rappelant votre aveu de tout à l'heure que vous aviez à défendre votre caisse.

Je préfère, moi, défendre le peuple travailleur, le peuple miséreux, car travail et misère sont presque toujours réunis sous la même casquette.

Quant à ceux que vous appelez les « apôtres de l'anarchie », ce sont de courageux citoyens qui méritent notre vénération ; ce sont des champions de l'Humanité qui sacrifient leur existence, leur avenir, leurs intérêts personnels pour semer partout des idées de justice et de vérité. Aussi, je les aime et les admire, ces Guesde, ces Lafargue, ces Ferroul, ainsi que bien d'autres vaillants propagandistes qui répandent partout la bonne parole socialiste.

Vous pouvez appliquer l'épithète d'anarchistes à tous les voleurs qui pullulent dans votre classe ; à tous vos banquiers, financiers, boursicotiers, grands propriétaires ; à tous vos actionnaires et obligataires des mines, hauts-fourneaux, chemins de fer et exploitations industrielles et agricoles quelconques ; aux politiciens panamistes et autres voleurs de grand chemin. Ceux-là sont des anarchistes, tous ces loups-cerviers qui font main basse sur toutes les richesses sociales créées par l'armée des travailleurs. Tous ces frelons inutiles qui dévorant le miel produit par les abeilles du travail sont la cause de toutes les misères sociales et sont plus meurtriers que les bombes de dynamite, car la misère existe partout où ils appliquent leurs suçoirs, c'est-à-dire sur le monde entier.

Le patron, souriant amèrement. — Vraiment, j'admire votre éloquence, père Étienne ; vous auriez pu faire un bon orateur socialiste.

L'ouvrier. — Je puis me passer, Monsieur, de votre admiration comme de vos ricanements. Il est possible que mes paroles sonnent mal à vos oreilles. Mais à qui la faute ? Vous m'appelez ici pour me faire parler, je parle. Je défends la cause des déshérités, des souffrants, vous, vous défendez la classe à laquelle vous appartenez : celle des privilégiés, des jouisseurs, des inutiles ; mon rôle, en ce moment, est plus beau que le vôtre, Monsieur, ne vous en déplaise.

Le patron. — Hum ! Cela dépend de la manière d'envisager les choses. Vous ne voyez, vous, socialiste, que le côté chimérique de la question. Je ne veux voir, moi, que le possible.

L'ouvrier. — Et moi je vous répète qu'il n'est pas plus difficile de répartir les fruits du travail sur tous les êtres qui les ont produits que de les laisser empocher par une petite poignée de fainéants. Et là-dessus permettez que je retourne à mon ouvrage car j'en ai du pressé à faire en ce moment.

Le patron. — Allez, mais revenez demain à trois heures.

L'ouvrier. — Je serai exact.

Quatrième Journée

Le patron. — Ah ! vous voilà, père Etienne. A la bonne heure, je ne suis pas obligé, comme hier, de vous faire appeler.

L'ouvrier. — C'est que, voyez-vous, l'appétit vient en mangeant, je commence, moi aussi, à prendre goût à ces discussions.

Le patron. — Ah! ah ! parfait. Ceci est d'un bon augure. D'abord, laissez moi vous faire une petite recommandation : n'employez plus, je vous prie, ces expressions brutales, ces épithètes de charbonniers, telles que ; « fainéants, voleurs de grand chemin ». Ces moyens, croyez-moi, ne convertiront personne à vos théories, moi encore moins que tout autre.

L'ouvrier. — Vous moins que tout autre, je le crois facilement. Mais que voulez-vous ? J'ai la mauvaise habitude d'appeler les choses par leur nom ; je ne suis pas assez éduqué pour employer des subtilités de langage. Je ne sais pas tourner autour du pot, comme on dit à l'atelier.

Le patron. — Ceci dit, entrons dans notre sujet.

Je vous dirai, mon ami, que plus j'y réfléchis moins je comprends cette manie qui vous hante de vouloir toujours vous occuper des autres. Employez plutôt vos efforts et votre intelligence à vous créer une situation, au lieu de vous ériger en défenseur du genre humain.

L'ouvrier. — Voilà bien la morale de la classe bourgeoise : « Chacun pour soi et Dieu pour tous », n'est-ce pas ?

Le patron. — Que voulez-vous que j'y fasse ? C'est pourtant ainsi.

L'ouvrier. — Si cette devise est la morale du capitaliste, elle est pour nous une morale dégoûtante que nous combattons. A votre devise égoïste nous opposous celle ci, plus humanitaire : « Tous pour un, un pour tous ».

Le patron. — Allons, voyons ; est-ce qu'après tout vous ne pouvez vous faire votre place au soleil tout comme nous ? Qui vous en empêche ?

L'ouvrier. — Qui nous en empêche ! Mais le développement même de la grande industrie qui supprime de plus en plus le petit patronat. Et puis, en supposant que sur mille ouvriers qui essaieraient d'entrer dans votre classe, un ou deux réussissent à se faire une place au soleil, comme vous dites, la question du bien être général n'en serait guère plus avancée. On aurait hérité un ou deux exploiteurs de plus qui s'enrichiraient à leur tour aux dépens de ceux qu'ils exploiteraient.

Le patron. — Je crois que vous vous illusionnez trop, mon pauvre ami, au sujet de nos bénéfices. Si vous les connaissiez, vous seriez surpris.

L'ouvrier. — Je les connais, vos bénéfices ; et comme vous le dites, ils sont de nature à causer la surprise, non par leur petitesse, mais par leur importance.

Le patron. — Allons donc ! Vous vous on rapportez à ce que vous avez entendu dire dans les conférences par les messagers du collectivisme.

L'ouvrier. Je m'en rapporte à des enquêtes officielles absolument authentiques, et faites par des gens de votre classe, qui n'avaient, par conséquent, aucune raison d'exagérer les chiffres.

Voici le tableau de la production manufacturière française d'après l'enquête de 1861-1865. (Paris et Lyon non compris) :

Production totale : 7 milliards, 130 millions, 281 mille, 210 francs.

A déduire : matières premières, combustible, etc., 5 milliards, 135 millions, 661 mille, 618 francs.

Reste : produit net fourni par le travail, 1 milliard, 994 millions, 619 mille, 592 francs.

Dans ce produit, les bénéfices des patrons figurent pour 1 milliard, 14 millions, 205 mille, 187 francs ; et les salaires payés à 1 million, 467 mille, 471 ouvriers, pour 980 millions, 414 mille, 405 francs.

C'est-à-dire que si les ouvriers avaient possédé l'outillage industriel qu'ils font valoir, ils auraient reçu 1357 francs par tête au lieu de 666 francs. Un peu plus du double.

Autre exemple :

Voici le tableau de la production manufacturière des États-Unis d'après l'enquête de 1870 :

Produit net : 6 milliards, 650 millions de francs se divisant ainsi :

Part des capitalistes, 3 milliards, 550 millions de francs.

Part des 2 millions d'ouvriers : 3 milliards, 100 millions.

Les bénéfices ont donc dépassé les salaires de 450 millions.

Là encore, si les ouvriers avaient été leurs propres employeurs, ils auraient reçu plus du double, soit par tête 3275 francs au lieu de 1550 francs.

Le patron. — Je vous ferai remarquer, mon vieux père, que depuis 1870 les choses ont bien changé.

L'ouvrier. — Ce n'est pas mon avis, patron ; et je vais vous prouver le contraire dans un dernier exemple.

Voici le bilan annuel de la Compagnie du Gaz parisien pour l'année 1892 :

Recettes totales	104,868,000 francs
Dépenses totales	70,000,000
Bénéfices	34,868,000

Sur lesquels il a fallu abandonner à la ville de Paris 11 millions et demi, et mettre de côté quelques millions pour amortissement, etc.

En fin de compte les actionnaires ont eu à se partager la jolie somme de 20 millions.

Tandis qu'il n'a été payé aux ouvriers de l'usine aux ingénieurs, agents et administrateurs que 8 millions 109 mille 645 francs, c'est-à-dire 2 fois et demie moins.

Si les 20 millions de bénéfices, au lieu d'être empochés par les actionnaires, avaient été partagés par les travailleurs des différentes catégories, ceux qui, dans l'année, ont reçu 1000 francs de salaire auraient reçu 3,500 francs.

Voilà des chiffres qui parlent d'eux-mêmes !

Le patron. — En supposant que ces chiffres soient exacts, ce dont je ne doute pas, cela ne ferait que confirmer ce que je vous ai dit tout à l'heure, savoir : que vous avez eu tort de ne pas employer, dans le cours de votre carrière, votre activité et votre intelligence à vous émanciper à votre tour.

L'ouvrier. — Oui, j'ai eu tort, toujours, d'après la morale capitaliste qui trouve très bon et même très naturel qu'une petite poignée d'individus soient gorgés de richesses, au détriment d'un grand nombre d'autres individus qui, en les créant, crèvent la faim.

LE PATRON. — Que voulez-vous que j'y fasse ? ce n'est pas nous qui avons fait ces choses. Et puis qui vous dit que la société actuelle n'est pas susceptible d'améliorations ? N'a-t-il pas fait depuis 23 ans de bien bonnes choses pour le peuple, notre gouvernement républicain ?

L'OUVRIER. — Je serais enchanté que vous me fassiez l'énumération de toutes ces bonnes choses.

LE PATRON. — Avec plaisir, mon ami. Mais réservons cela pour demain.

L'OUVRIER. — Comme vous l'entendez, patron.

5° JOURNÉE

LE PATRON. — Vous avez, hier, exprimé le désir de connaître ce qu'à fait la République pour le peuple ; je vais vous satisfaire, père Etienne. Je vous signalerai comme premier bienfait, l'instruction gratuite et obligatoire.

L'OUVRIER. — En disant : *instruction gratuite*, il faut s'entendre. C'est-à-dire qu'on nous prend beaucoup d'une main pour nous rendre un peu de l'autre. Nous payons, nous, peuple ouvrier, 400 millions d'impôts pour permettre à nos enfants de savoir tout juste lire, écrire et compter, alors que vos fils de bourgeois ont encore le privilège de l'instruction secondaire et supérieure.

LE PATRON. — Comment l'entendez-vous, mon brave homme ? Est-ce que ceux qui sont destinés au commerce, à l'armée, à la magistrature, à la médecine, etc., ne doivent-ils pas être plus instruits que ceux qui ne doivent être que tailleurs, cordonniers ou travailleurs d'usine, par exemple ?

L'OUVRIER. — Ah ! Vous laissez voir le bout de l'oreille, patron. Vous prétendez clairement que votre classe doit avoir le monopole sur toute chose. Vous avez tout, richesses, bien-être, instruction, pouvoir, commerce ; vous avez la main sur *tout* et vous voulez conservez *tous* ces monopoles pour les transmettre soigneusement à Messieurs vos enfants ; tandis que nous n'avons et ne devons avoir selon vous, qu'à léguer à nos pauvres mioches, la continuation de notre misérable existence. Mais, tas d'aveugles que vous êtes, ne voyez-vous donc pas que c'est précisément cette prétention égoïste qui condamne et qui perd irrémédiablement votre classe de forbans ?

Le patron. — Père Etienne, je vous en prie, pas d'injures.

L'ouvrier. — Non pas des injures, mais des noms propres. Vous savez que je ne sais pas tourner autour du.... autour du mot. Et quelles sont encore, s'il vous plait, les autres bonnes choses qu'à faites votre République pour le peuple ?

Le patron. — Inutile de vous les indiquer, mon cher, tout est pour vous matière à critique.

L'ouvrier. — Je ne demande pourtant pas mieux de louanger ce qui est bon et bien, mais convenez avec moi, Monsieur, que ce n'est pas ici le cas. On a fait depuis 23 ans des lois soi-disant d'améliorations. En réalité elles sont afistolées de façon à ne produire aucun bon résultat. Telle est la loi sur les délégués mineurs qui force le délégué à être pendant 18 jours par mois le salarié, c'est-à-dire l'esclave d'une compagnie minière qu'il est chargé de contrôler pendant les 12 autres jours. On a eu peur, voyez-vous, d'accorder l'indépendance à ces surveillants des enfers géologiques.

Le patron. — Vous êtes tous des mal-contents. On vous accorde ce que vous réclamez, tels que : délé-

gués mineurs, liberté de vous syndiquer, etc., et rien
ne peut vous satisfaire.

L'ouvrier. — Liberté de nous syndiquer, dites-vous ?
Quel affreux mensonge ! Lorsque tous les jours les
patrons chassent de leurs ateliers les ouvriers qui
s'unissent sous le drapeau syndical. Cette loi a déjà
fait des milliers de victimes.

Le patron. — C'est un reproche que vous ne pouvez
m'adresser, à moi.

L'ouvrier. — Peu m'importe, puisque d'autres le
font, et je parle ici dans un sens général.

Le patron. — Et de la loi sur la suppression du livret
vous n'en dites rien, hein ?

L'ouvrier. — Vous pouvez être fier de votre loi qui
n'a rien supprimé du tout. Elle a rendu le livret fa-
cultatif au lieu d'obligatoire qu'il était. De sorte que
le patron peut toujours l'exiger, ce livret, et perpé-
tuer ainsi cette criante injustice.

Le patron. — Puisque vous trouvez à répondre à
tout, vous trouverez sans doute aussi que la loi mi-
litaire, qui force cependant tout le monde, riches
comme pauvres, à accomplir sa période de service,
n'est ni bonne, ni égalitaire, non plus, n'est-ce pas ?

L'ouvrier. — Egalitaire sur le papier.

Le patron. — Vous le voyez ; je m'en doutais.

L'ouvrier. — (se levant) Comment ! patron ; vous
oseriez prétendre égalitaire cette loi qui prend le
fils unique de la veuve et qui trouve des prétextes à
ne faire faire qu'un an de services aux riches ? égalitaire, cette loi, qui verse en temps de guerre, les
séminaristes dans les ambulances pour les mettre à
l'abri des balles ? Egalitaire cette loi qui envoie les
uns manger à la gamelle et les autres à l'hôtel ? Ah !
Non, mille tonnerres ! C'est pas vrai !

Le patron. — Que voulez-vous ? On n'arrive pas à

faire des lois parfaites du premier coup. Ainsi, beaucoup d'autres bonnes lois sont à l'étude en ce moment;
celle, entre autres. sur la responsabilité des patrons
en matières d'accidents.

L'OUVRIER. — Et qu'on laisse bien tranquillement
pourrir dans les cartons. Ajoutez-y, si vous voulez,
la fameuse rengaine de l'abolition du budget des cul-
tes qu'on voit réapparaître sur les programmes répu-
blicains opportunistes chaque fois qu'ils veulent se
faire réélire, à côté d'une foule d'autres belles promesses à nous faire venir l'eau à la bouche, et que
ces beaux messieurs ont soin d'oublier une fois élus.
Mais aussi, c'est bien fini, allez. Bien démasqués,
bien déboutonnés vos opportuno-bourgeois ; le vieux
truc est usé jusqu'à la corde, ça ne prendra plus, mon
cher patron.

LE PATRON. — (regardant à sa montre et se levant),
Désolé, mon brave, de ne pouvoir vous répliquer en
ce moment, j'ai des clients à voir ; mais je vous ré-
serve cela pour demain. J'aurai, d'ailleurs, à vous
faire part d'un projet fort intéressant; c'est une surprise que je vous ménage ; vous verrez ça.

L'OUVRIER, — Je suis toujours à vos ordre, patron.

6ᵉ JOURNÉE

LE PATRON. — Bonjour, mon ami. Je vous attendais pour clôturer aujourd'hui nos entretiens.

L'OUVRIER. — A votre disposition, patron.

LE PATRON. — C'est que, comme je vous l'ai donné
à entendre hier, j'ai à vous causer d'une question
sérieuse. Inutile, n'est-ce pas, de continuer ces discussions et de tourner toujours dans le même cercle ;
vous n'arriverez pas, quoique vous fassiez, à me con-
vaincre que vos théories collectivistes sont destinées
à faire de la terre un paradis. De mon côté je m'aper-

çois avec regret que j'en suis pour ma peine en voulant vous ramener à des idées plus saines, j'en ai donc fait mon deuil.

L'ouvrier. — Et vous avez bien fait, patron. Mais dites moi ce que vous entendez par *idées plus saines* ?

Le patron. — Mais... j'entends par *idées saines* tout ce que je vous ai dit et répété dans le cours de nos entretiens, pardi, et qui est juste l'opposé de votre socialisme.

L'ouvrier. — Alors vos idées saines sont pour moi des idées bien malsaines.

Le patron. — Mais je vous répète que ce n'est pas pour continuer à discuter que je vous ai fait revenir aujourd'hui,

L'ouvrier. — Je crois, le diable m'emporte, que c'est vous qui avez recommencé, patron.

Le patron. — Enfin, suffit. Voici de quoi il s'agit : Voulant donner un démenti formel aux calomnies débitées contre le patronat par les apôtres du collectivisme, il a été décidé par la compagnies dont je suis ici le représentant, d'établir un rapprochement entre le capital et le travail, et d'arriver ainsi plus facilement à améliorer le sort de nos ouvriers. Dans ce but, et pour opérer ce rapprochement, il va être créé dans nos ateliers, un syndicat mixte. Eh bien, père Etienne, que dites-vous de cette idée ?

L'ouvrier. — Pas grand chose. Ça m'a l'air d'un bloc enfariné.

Le patron, — Erreur profonde, mon ami. D'abord, savez-vous bien ce que c'est qu'un syndicat mixte ?

L'ouvrier. — Oui, je sais que c'est du drôle de tripotage.

Le patron. — Allons, allons, père Etienne, à votre âge vous n'êtes guère raisonnable. Si cela continue

nous ne pourrons pas nous entendre. Je vais vous
expliquer ce que c'est qu'un syndicat mixte pour l'or-
ganisation duquel j'ai reçu de la compagnie les pou-
voirs les plus complets.

L'OUVRIER. — (a part) Ça ne m'étonne pas.

LE PATRON — Le syndicat mixte consiste à réunir en
un seul groupement, patrons et ouvriers afin de re-
chercher ensemble toutes les améliorations raisonnables que l'on peut introduire dans les ateliers. Dès lors
plus de conflit à redouter ; plus de grève possible,
puisque les différends se discutent et s'aplanissent
en commun. La compagnie prend note des réclama-
tions ; elle les étudie et accorde satisfaction à celles
qui lui paraissent raisonnables ; elle cherche, en un
mot, à procurer la plus grande somme de bien-être
à son personnel par tous les moyens possibles.

L'OUVRIER. — En laissant soigneusement de côté le
principal de tous ces moyens, n'est ce pas, patron ?

LE PATRON. — Lequel, si vous plait ?

L'OUVRIER. — Celui qui vaut à lui seul beaucoup plus
que toutes les belles choses vraies ou fausses, plutôt
fausses que vraies, que vous venez de faire miroiter
à mes yeux, ce moyen consiste à donner à l'ouvrier
le produit intégral de son travail.

LE PATRON — Ah ! Ça ! Mais avez-vous donc fini de
toutes ces sotises ? Vous n'en démordrez donc pas ?

L'OUVRIER. — Pour en démordre, il faudrait que vous
me prouviez que je suis dans l'erreur. Or, c'est la si-
xième fois que vous m'appelez près de vous pour me
faire parler, et à mes arguments franchement socialistes vous ne m'avez opposé que des dénégations sans
valeur, de sorte que je sors de ces entretiens plus convaincu que jamais que le socialisme seul est appelé à
régénérer le monde, et que votre projet de syndicat
bâtard est bon tout au plus à jeter aux orties.

Le patron — (en colère et se levant). Et la poignée de turbulents dont vous faites partie, bonne tout au plus d'être jetée au fond d'un cachot.

L'ouvrier. — Ah ! Si nous n'étions qu'une petite poignée, il y a longtemps que ça serait fait. Ce n'est pas l'envie de le faire qui manque à vos beaux Messieurs du pouvoir, mais l'extension extraordinaire que prend de plus en plus le socialisme terrifie votre bougeoisie. Elle entend l'orage qui gronde à l'horizon, elle sent que le terrain commence à lui manquer sous les pieds. et elle tremble. Mais la peur, vous le savez, n'exclut pas le danger. (se levant) C'est pourquoi le règne des spoliateurs est bientôt fini. Celui de la vraie justice va prendre place. Le parti du travail prend de jour en jour plus d'extension, et nous pouvons, dès maintenant, regarder l'avenir avec la certitude de la victoire.

Le patron. — (tirant un papier de sa poche) Prophète de malheur, voici ma réponse C'est une décision prise entre mes associés et moi à notre dernière réunion :

(Lisant) «L'assemblée décide la formation d'un syndicat mixte ;

« Charge l'Administrateur-Directeur d'en élaborer les statuts ;

« Le charge également de s'entendre avec le forgeron Etienne Bertot, en sa qualité de plus ancien ouvrier, pour qu'il use de son influence et de l'estime dont il jouit près ses camarades, afin d'amener ceux-ci à adhérer de bon gré au syndicat projeté.

« En cas de refus de la part dudit Etienne Bertot « d'accepter cette mission, il serait congédié. »

L'ouvrier. — C'est donc pour ça que vous essayez depuis huit jours de me convertir ?

Le patron. — C'est un peu vrai.

L'ouvrier. — Vous en serez pour vos peines, car 〈 refuse

Le patron. — Ah ! Vous refusez. Et pour quelle rai-son ?

L'ouvrier. — Parce que ma conscience me le dicte. parce que si un autre que moi venait faire dans no-tre syndicat ouvrier pareille proposition, je la com-battrais de toutes mes forces, parce qu'enfin votre syndicat mixte n'est qu'un miroir aux alouettes.

C'est un piège que vous nous tendez afin de faire dévier la question sociale en vous introduisant dans notre syndicat ouvrier. Est ce qu'il nous vient à la pensée, à nous travailleurs. de nous introduire dans votre syndicat de patrons? Non, n'est-ce pas ? Eh bien à votre tour respectez notre sanctuaire ouvrier.

Le patron. — Nous sommes maîtres chez nous, et vous n'avez pas à discuter nos décisions. Si vous maintenez votre refus, vous recevrez ce soir votre congé.

L'ouvrier. — Merci. Monsieur le millionnaire, ce sera la récompense du vieux travailleur qui s'est usé les muscles à vous forger des profits pendant 25 ans. Et ce Monsieur, me disait il y a quelques jours à peine :

« Vous pouvez parler franchement père Etienne, « vote pain n'est pas en danger. » Et puis, vous m'a-vez choisi pour jouer votre basse comédie, non pas parce que je suis le plus ancien ni le plus estimé, mais bien parce que je suis le plus vieux, espérant par là m'avoir pleinement à votre merci.

Mais vous vous êtes trompés, Messieurs. Le vieux forgeron irait plutôt crever de faim sur le pavé que de commettre une telle lâcheté. Demain c'est réunion à notre syndicat, je n'aurais qu'un mot à dire, qu'un signe à faire, pour faire cesser le travail dans vos usines.

Ce mot, je ne le dirai pas, car je reconnais que la grève est une arme à deux trauchants, et je ne voudrais pas que mes camarades s'imposent des souffrances pour moi.

Mais vous n'aurez rien perdu pour attendre, Messieurs les affameurs, notre tour viendra.

Foi de vieux travailleur, je suis profondément persuadé qu'avant la fin de ce siècle les voleurs seront chassés du temple.

IMPRIMERIE OUVRIÈRE

LILLE. — Rue de Fives, 28. — LILLE

Spécialité de BROCHURES et de JOURNAUX

www.ingramcontent.com/pod-product-compliance
Lightning Source LLC
LaVergne TN
LVHW021657170726
843501LV00007B/2619